# Grundkurs Deckfarben

## Lernbereich Farbe

Marianne Merz

**Unterrichtshilfen für Bildende Kunst**

Band 1

ALS-STUDIO-REIHE 704

# Impressum



Herausgeber und Gesamtkonzept: L. Kreide, Frankfurt
Idee, Text und Gestaltung: Marianne Merz, Mannheim
Druck: ALS-Verlag GmbH, Dietzenbach

Band 1 der Reihe: Unterrichtshilfen für Bildende Kunst.

Best.-Nr. 29.704
ISBN 3-921366-57-7

---

CIP-Kurztitelaufnahme der Deutschen Bibliothek:
Unterrichtshilfen für Bildende Kunst.
Hrsg.: L. Kreide
Frankfurt/Main: ALS-Verlag GmbH
Bd. 1 Grundkurs Deckfarben: Lernbereich Farbe/
Marianne Merz. 1980.
(ALS-Studio-Reihe 704)
ISBN 3-921366-57-7
NE: Merz, Marianne (Mitarb.)

---

Allgemeiner Lehrer-Service
ALS-Verlag GmbH
Postfach 1440
63114 Dietzenbach

Tel.: 06074/821 60
Fax: 06074/27322
http://www.als-verlag.de
e-mail: info@als-verlag.de

# Vorwort

Die Fachdidaktik der Kunsterziehung im Grundschulbereich hat in den letzten Jahren auf dem Buchmarkt einen regelrechten Boom erlebt, nicht zuletzt im Zusammenhang mit der Erstellung neuer Lehrpläne in einzelnen Bundesländern. Angesichts dieses umfangreichen Literaturangebots bedarf es wohl eines triftigen Grundes, wenn der ALS-Verlag mit dem vorliegenden Band nicht nur ein weiteres Werk anfügen, sondern damit zugleich eine ganze Reihe "Bildende Kunst in der Grundschule" starten will.
Wer nicht nur die Diskussionen auf höherer Ebene verfolgt, sondern als Kollege oder Elternteil die Lage der Kunsterziehung registriert, wie sie sich im Alltag der Grundschule außerhalb von Versuchsschulen und hochschulpädagogischer Betreuung abzeichnet, wird in der Regel feststellen müssen, daß die Umsetzung der neuen Lehrpläne in anregenden Unterricht an der Basis offenbar auf Schwierigkeiten stößt. Symptomatisch für diesen Zustand ist z.B., daß die Lehrplankommission Kunst/Grundschule in Baden-Württemberg seinerzeit davon ausging, Kunstunterricht werde in Zukunft auch an der Grundschule vornehmlich von ausgebildeten Fachkräften erteilt. Diese Voraussetzung hat sich im Zuge einer pädagogisch begründeten Rückbesinnung auf das Klassenlehrersystem nicht erfüllt. Damit aber besteht zwischen dem Anspruch des Lehrplans an einen Fachlehrer-Adressaten und der Belastbarkeit des Grundschullehrers mit fachdidaktischem Vorwissen eine erhebliche Diskrepanz.

Dieser Lücke will sich nun die Reihe "Unterrichtshilfen für Bildende Kunst in der Grundschule" annehmen, deren erster Band hiermit vorliegt. Die Autorin hält sich streng an die Struktur des Lehrplans von Baden-Württemberg, der durch Übernahme der Erfahrungen aus anderen Bundesländern, insbesondere aber durch die Einarbeitung der sog. Grundaufgaben R. Pfennigs als elementare Lernprozesse überregionalen Charakter gewonnen hat. Die einzelnen Unterrichtsbeispiele werden jedoch in so übersichtlicher und praxisnaher Gliederung vorgestellt, daß auch der fachfremde Lehrer nach diesem Gerüst seinen Unterricht vorbereiten kann. Dem kommen der jeweils auf einer Seite stichwortartig zusammengefaßte Text und die farbige Präsentation von Schülerarbeiten auf der gegenüberliegenden Seite entgegen.

Bei so viel Basisnähe liegt der Vorwurf des Fachdidaktikers nahe, hier werde das sinnentleerte Arbeiten nach Rezept gefördert. Ich meine jedoch, wir sollten angesichts der oben angedeuteten Lage des Kunstunterrichts ein bißchen Pragmatismus nicht scheuen! Wichtiger als die Gefahr rezeptiver Übernahme, der übrigens jedes der Öffentlichkeit vorgestellte Unterrichtsbeispiel ausgesetzt ist, erscheint mir die Chance, die dem Lehrer geboten wird: sich von Beispiel zu Beispiel in die fachdidaktische Struktur der Aufgaben einzuarbeiten und so durch die Praxis in den Lehrplan einzudringen, bis er in der Lage ist, selbständig aus diesem weitere und eigenständige Aufgaben abzuleiten.
Dieser Band setzt also an der Basis an, dort, wo das Einlesen in fachdidaktische Werke keine konkrete Hilfe verspricht, weil die nächste Kunststunde vor der Tür steht, wo ganz banal nach einem Thema gesucht wird und sich eine Reihe schwerwiegender, weil unterrichtsbestimmender praktischer Fragen stellt: nach den Arbeitsmitteln, nach ihrer sachgerechten Handhabung, nach der Organisation der Stunde. Die Verfasserin, die eben diese Nöte der Kollegen aus der Praxis kennt, geht auf all diese Fragen ein. Aber sie beschränkt sich nicht darauf, sondern spannt ihre Vorschläge in den Rahmen von Lernzielbestimmung und -kontrolle. Damit wird der nächsten Stufe der Hilflosigkeit vorgebeugt, die bei der Übernahme von Einzelstunden verharrt, ohne sie einem didaktischen Konzept unterzuordnen.

Der Grundkurs Deckfarben wendet sich vorrangig dem Erlernen von Fertigkeiten zu: dem Umgang mit Malmaterial und Pinsel. Ist es überhaupt legitim, dem technischen Aspekt eine solche Vorrangstellung einzuräumen, wo doch in der Fachdidaktik immer wieder seine sekundäre Rolle als Mittel zum Zweck betont wird? Wer immer wieder nicht nur einzelne Schüler, sondern ganze Klassen erlebt, die noch in der Orientierungsstufe einen Pinsel wie einen Schrubber handhaben, die ohne differenzierteste Vorzeichnung keinen Fleck Farbe aufs Papier zu bringen wagen und noch nach vier Grundschuljahren nicht wissen, daß Farbenmischen mehr ist als eine unerwünschte Verunreinigung des Farbkastens, der kann am Sinn eines solchen Kurses kaum zweifeln.

Aber denen gegenüber, für die dieses Büchlein konzipiert wurde, bedarf es wohl auch so keiner Rechtfertigung. Ich jedenfalls wünsche ihm die Resonanz, die es, aus der Praxis für die Praxis entstanden, verdient.

Michael Kutzer

# Einleitung

Dieses Heft ist entstanden aus meiner Arbeit als Lehrer und als Leiter von Arbeitsgemeinschaften für Bildende Kunst mit Grundschul-Lehrern. Es ist gedacht für die Hand des Lehrers. Ich habe gesehen, wie schwer es fällt, ohne entsprechende Ausbildung und eigene Erfahrung die Grundkenntnisse des Malens und den Umgang mit dem Deckfarben-Malkasten den Schülern beizubringen.

Diese Unterrichtsreihe folgt mit ihren aufeinander aufbauenden Lernzielen dem Lehrplan. Gesamtlernziel ist der Umgang mit dem Deckfarben-Malkasten, mit dem Pinsel und mit Deckweiß sowie das Erlernen einiger einfacher Techniken, die für die Grundschule geeignet sind.

Die Unterrichtsreihe ist der besseren Übersicht wegen, in Tabellenform abgefaßt. Sie beginnt mit einer 1. Klasse und wird in der 2. Klasse fortgeführt.

Als Arbeitsmaterial wird benötigt:

1 Zeichenblock DIN A 3
1 Deckfarbenkasten (z.B. Pelikan)
Deckweiß
Borstenpinsel Nr. 1o
Zeitungspapier zum Unterlegen
Malbecher und Lappen
außerdem für Aufgabe Nr. 12
dunkelfarbiger Photokarton und
Trinkhalme zum Verblasen

Zur Arbeitsweise empfehle ich: Immer Papier unterlegen. Den Handballen oder den Ellbogen aufstützen. Ohne Vorzeichnen mit dem Bleistift arbeiten. Das Bild vor den Augen entstehen lassen, eventuell mit dem trockenen Pinsel oder dem Finger "vorzeichnen", "vordenken".

Für die Unterrichtsgestaltung hat sich folgendes bewährt: Gemeinsames Besprechen, gemeinsames Betrachten ist unbedingt notwenidg. Vieles lernen die Schüler durch vergleichendes Betrachten. Kleinste Lernschritte loben! Wenn ein Schüler ein Bild nicht mehr weitermalen möchte, das Bild nicht gleich fortwerfen, sondern überlegen, wie man es verbessern, übermalen kann (Deckfarben decken!).

Die eigene Kreativität der Schüler wird in dieser Unterrichtsreihe zunächst nicht in besonderer Weise herausgefordert. Ich meine aber, ohne Grundkenntnisse des zur Verfügung stehenden Materials und einiger Techniken können die Möglichkeiten für kreative Aufgaben gar nicht genutzt werden. Deshalb schiebe ich immer einzelne freie Erzähl- oder Erlebnisthemen dazwischen, wie z.B.:

Auf dem Robinson-Spielplatz
Ich erfinde eine Superflugmaschine
Im Schlaraffenland
Beim Skifahren
Auf der Rollschuhbahn
Im Zoo
Mein Traum

Hinweis für Aufgabe 3 + 5:
Hier schlage ich "Schwungübungen" vor, Übungen mit dem ganzen Arm, mit dem ganzen Körper (sogenannte Atemübungen). Sie sollen lockern und entspannen und öfter eingesetzt werden. Auch beidhändig an der Tafel, auf dem Fußboden auf Packpapier, in der Luft, mit Kreide auf dem Schulhof, ...

Hinweis für Aufgabe 13 + 14:
Hier wird eine große Menge Deckweiß benötigt. Ich rühre in einem Plastikeimer mit gut abschließbarem Deckel das Deckweiß nach folgendem Rezept an:

| | | |
|---|---|---|
| 1 | Paket | Farbenleim (Metylan 125 g) |
| 1 | kg | Titanweiß (Pulver) |
| 2 | l | Wasser |

Alle Schülerarbeiten sind vorwiegend in einer Schulstunde entstanden. Sie sollten immer mit Namen des Schülers und seinem Alter oder seiner Klassenstufe gekennzeichnet sein, z.B. Klaus, 7 Jahre oder Klaus, 2. Klasse.

Nun wünsche ich allen Lehrern viel Freude beim Unterricht, allen Schülern viel Freude beim Malen und allen - auch den Lesern dieser Unterrichtsreihe - vergnügliche Stunden.

Mannheim, im Mai 198o    Marianne Merz

Einleitung zur 4. Auflage

An dieser Stelle wollen wir - Verfasserin und Verlag - uns für die Treue bedanken, die viele Lehrerkolleginnen und -kollegen jetzt bereits über 10 Jahre unserer Reihe "Unterrichtshilfen für Bildende Kunst" erwiesen haben.

Nichts kann die Beliebtheit und Brauchbarkeit dieser Reihe im Unterricht besser dokumentieren als die Tatsache, daß dieser Band 1 "Grundkurs Deckfarben" jetzt bereits in der 4. Auflage erscheint und zwar unverändert. Dies zeigt zugleich die Richtigkeit der Konzeption.

Noch einige Tips zu den Aufgaben:

- Aufgabe 1: Nach den langjährigen Erfahrungen male ich den Schornsteinfeger ganz in schwarz - wie einen Schattenriß. Die Schüler konzentrieren sich so mehr auf das sorgfältige Anlösen der schwarzen Pigmente.
- Aufgabe 9: Hier achte ich darauf, daß weniger Grüntöne entstehen.
- Verwendung von Deckweiß: Ich habe nach wie vor die besten Erfahrungen mit selbstangerührtem Deckweiß gemacht (Titanweiß ist ungiftig). Die Freude der Schüler ist groß, wenn sie aus dem "Vollen" schöpfen dürfen. Die kleinen Tuben sind im Nu verbraucht oder ausgetrocknet. Großgebinde sind im ALS-Verlag fertig angemischt erhältlich.

Noch ein Hinweis zum Band 10 "Deckfarben II". Er ist eine konsequente Fortsetzung des vorliegenden ersten Bandes. Die Aufgaben sind logisch aufeinander aufgebaut mit steigendem Schwierigkeitsgrad und geben einerseits dem Lehrer die Chance, sich von Beispiel zu Beispiel in die fachdidaktische Struktur einzuarbeiten und andererseits den Schülern die Gelegenheit zu erleben, wie sich das schrittweise fortentwickelte Wissen und Können in den Arbeitsergebnissen positiv niederschlägt.

Gegenüber dem ersten Band ist für den Lehrer ein wenig mehr Theorie eingearbeitet. Es können weitere Materialien wie Reste aus Metallfolie, Pappe und Naturmaterialien eingesetzt werden, wodurch die Schüler in bezug auf ihre Kreativität mehr gefordert werden.

Wie immer wünsche ich allen Benutzern Nutzen, allen Freunden Freude sowie Lehrern und Schülern farbigen Unterricht mit Farben.

Mannheim, im September 1991

Marianne Metz

# Inhaltsverzeichnis



Fortsetzung der Aufgabenreihe in Band 10 "Deckfarben II"

| GRUNDKURS DECKFARBEN | AUFGABE 1 | 1 UNTERRICHTSSTUNDE | 1. KLASSE |
|---|---|---|---|

**ARBEITSBEREICH:** Farbe

**ZIELE DES UNTERRICHTS NACH LEHRPLAN:** Ermischen und Bestimmen von Farben

**LERNZIELE:**
- Erkennen und Erfahren der Farbe als sichtbares Phänomen
- Erlernen maltechnischer Fertigkeiten, Benutzung des Pinsels, Umgang mit Wasserdeckfarben
- Üben der Fertigkeiten an einer flächenfüllenden Einzelfigur
- Beurteilen technisch-materialer Gegebenheiten im Arbeitsergebnis

**THEMA:** Schornsteinfeger mit Zylinder, Leiter, Gewicht und Bürste

**TECHNIK:** Deckfarben mit Borstenpinsel

**UNTERRICHTSMITTEL:** Zeichenblock DIN A 3, Deckfarben, Borstenpinsel Nr. 1o

**STUNDENVERLAUF:**

<u>Erarbeitung des Vorgangs: Farbe aus dem Näpfchen nehmen</u>
- Gewaltsames Aufstoßen des Pinsels vermeiden, da Borsten sonst "leiden" Pinsel schonend benutzen
- Abstreifen des Pinsels am Rande des Wassergefäßes nach dem Eintauchen
- "Wegstreicheln" der Farbe aus dem Farbnäpfchen (geduldig, in einer Richtung, bis die Farbe dick und pastos aufgenommen werden kann)
- Zeigen, wie die Farbe aussieht, wenn sie zu wenig Farbpigmente enthält (bei schwarz besonders gut sichtbar)
- Zeigen, daß man mit dem Pinsel dicke Striche (Breitseite des Pinsels in Strichrichtung), dünne Striche (Schmalseite des Pinsels in Strichrichtung) und mit der Ecke der Borsten ganz kleine Punkte herstellen kann

<u>Einführung in die Gestaltungsaufgabe</u>
- Beschreiben eines Schornsteinfegers (Kleidung, Leiter, Gewicht, Bürste, Zylinder, Haare)
- Bestimmen der Größe der Figur (sie soll möglichst formatfüllend sein)

<u>Gestaltungsaufgabe</u>
- "Vorzeichnen" ("vordenken") der Umrisse mit dem Finger (ohne Farbe)
- Malen des Schornsteinfegers mit dicker, pastoser, schwarzer Farbe

<u>Zwischenbesprechung</u>
- Fehler aufzeigen

<u>Verbessern</u>
- Bei zu viel Wasser (graue, wässrige Farbe): noch einmal übermalen
- Bei zu kleiner Figur: übermalen in größeren Dimensionen

**LERNZIELKONTROLLE:** Vergleichende Betrachtung an der Pinnwand: Farbauftrag? Ausnutzung des Formats?

**ERGÄNZENDES UND FÄCHERÜBERGREIFENDES:**
Lied vom Schornsteinfeger im Musikunterricht

*Schornsteinfeger,*
*schwarzer Mann,*
*hast zwei Holz-*
*pantinen an.*

*Ach, wie schön,*
*ach, wie gut,*
*steht dir der*
*Zylinderhut.*

*Worte:*
*Dorothea Neckel*
*aus: Willkommen*
*lieber Tag*
*Diesterweg Verlag*

GRUNDKURS DECKFARBEN    AUFGABE 2    1 UNTERRICHTSSTUNDE    1. KLASSE

**ARBEITSBEREICH:** Farbe

**ZIELE DES UNTERRICHTS NACH LEHRPLAN:** Organisieren von Farbelementen

**LERNZIELE:**
- Erkennen und Beurteilen der Farbe als bildnerisches Element
- Erkennen, daß Farbe immer auch eine Form hat
- Anlegen von Farbflächen ohne Kontur oder Vorzeichnung
- Abgrenzen von Farbflächen (Farbe soll nicht ineinander verlaufen)
- Pastoser Farbauftrag

**THEMA:** Wir bauen einen Turm aus Bauklötzchen

**TECHNIK:** Deckfarben, hier nur Rot, Blau, Gelb, Grün (ohne Mischfarben) mit Borstenpinsel

**UNTERRICHTSMITTEL:** Eine Handvoll Bauklötze aus Holz in verschiedene Farben (rot, blau, gelb und grün) und in verschiedenen Formen (Würfel, Quader, Brücke)
Zeichenblock DIN A 3, Deckfarben: Rot, Gelb, Grün, Blau, Borstenpinsel Nr. 1o

**STUNDENVERLAUF:**

Einführung in die Gestaltungsaufgabe
- Schüler bauen einen Turm aus den mitgebrachten Bauklötzen
- Falsche, unmögliche Version an Tafel malen
- Erkennen, daß Turm zusammenbricht
- Erkennen, daß die Bauklötze keinen schwarzen Strich "außen herum" haben
- Erarbeiten des Farbauftrags (nicht wild und wahllos, sondern in senkrechten Strichen)
- Erinnern an pastosen Farbauftrag (wenig Wasser)
- Erinnern an die Ausnutzung des Formats

Gestaltungsaufgabe
- "Vorzeichnen" ("vordenken") mit dem Finger (ohne Farbe) in groben Umrissen
- Klotz für Klotz in aufbauender Weise mit pastosem Farbauftrag in Rot, Blau, Gelb, Grün malen
- Zusammenlaufen der Farben verhindern (warten, bis Nachbarfarbe trocken ist)

**LERNZIELKONTROLLE:** Vergleichende Betrachtung
Wo ist Blatt sinnvoll ausgenutzt?
Ohne Kontur?
Pastoser Farbauftrag?
Wo fällt der Turm um? Warum?
Wo sind die Farben ineinandergelaufen? Warum? Wie können wir verbessern?

**ERGÄNZENDES UND FÄCHERÜBERGREIFENDES:**
Aufgabe 6, Band 2: Schwammdruck
Aufgabe 8, Band 2: Kartondruck
Türme und Brücken bauen im Sachunterricht

*Ob wir noch mit Bauklötzchen spielen können? Der Turm darf nicht umfallen!*

| GRUNDKURS DECKFARBEN Aufgabe 3 | 2 UNTERRICHTSSTUNDEN 1. KLASSE |
|---|---|
| ARBEITSBEREICH: | Farbe |
| ZIELE DES UNTERRICHTS NACH LEHRPLAN: | Organisieren von Farbelementen<br>(Ermischen und Bestimmen von Farben) |
| LERNZIELE: | - Spielerisches Erproben der Kreisform (Schwungübung, Lockerungsübungen)<br>- Organisation der Kreise auf der Fläche<br>- Erproben verschiedener Farben |
| THEMA: | Viele bunte Bälle in einer Kiste (von oben gesehen) |
| TECHNIK: | Deckfarben (alle Farben - ohne Schwarz und Weiß)<br>mit Borstenpinsel |
| UNTERRICHTSMITTEL: | Tafel<br>Tafelkreide<br>Packpapier<br>Zeitungspapier<br>Wachsstifte<br>Deckfarben<br>Zeichenblock DIN A 3<br>Borstenpinsel Nr. 1o |
| STUNDENVERLAUF: | Vorübung für Gestaltungsaufgabe (1. Stunde)<br>- Schwungübungen an der Tafel mit Kreide, auf Packpapier auf Fußboden mit Wachsstiften<br>- Wir üben Kreise, liegende Achter, Ovale, Atemfiguren (beidhändige Linien, dem Atem nachempfunden, an der Tafel)<br>- Wir üben mit 2 Pinseln (gegenseitiges Ausleihen des Pinsels vom Banknachbarn und gleichzeitiges Beobachten des Kameraden)<br>- Kreise, Ovale, liegende Achter, Atemfiguren auf Zeitungspapier mit Deckfarben<br><br>Gestaltungsaufgabe (2. Stunde)<br>- Viele verschieden große Bälle, einhändig mit Schwung gemalt Innenfläche verschiedenfarbig gestaltet |
| LERNZIELKONTROLLE: | Lob.<br>Vergleichende Betrachtung<br>Formen? Mit viel Schwung gemalt?<br>Farben? Bälle gut auf dem Blatt verteilt? |
| ERGÄNZENDES UND FÄCHERÜBERGREIFENDES: | Aufgabe 5, Band 1: Leuchtender Schmetterling<br>Kreise, Achter und weitere Figuren laufen im Sportunterricht |

*Es gibt große Bälle, kleine Bälle, einfarbige, bunte, gestreifte, getupfte, gemusterte, genarbte ...*

| GRUNDKURS DECKFARBEN | AUFGABE 4 | 2 UNTERRICHTSSTUNDEN | 1. KLASSE |
|---|---|---|---|

**ARBEITSBEREICH:** Farbe

**ZIELE DES UNTERRICHTS NACH LEHRPLAN:** Beziehungsgefüge von Farben
Organisieren von Farbelementen

**LERNZIELE:**

- Gestalterische Erarbeitung farbiger Flächen (Aneinandergereihte Häuser)
- Erkennen, daß Deckfarben die darunterliegenden Farben überdecken (nicht nur dunkle Farben die hellen, sondern auch helle Farben die dunklen)
- Entwickeln und Beurteilen von Hell-Dunkel-Kontrasten
- Verbalisieren von Erfahrungen und Erkenntnissen aus dem Gestaltungsprozeß

**THEMA:** Bunte Häuser mit farbigen Fenstern und Türen

**TECHNIK:** Deckfarben ohne Deckweiß mit Borstenpinsel

**UNTERRICHTSMITTEL:** Zeichenblock DIN A 3
Deckfarben
Borstenpinsel Nr. 1o
1 vorbereitetes Zeichenblatt mit hellen und dunklen Häusern ohne Fenster und Türen

**STUNDENVERLAUF:**

Einführung in die Gestaltungsaufgabe

- Auf dem vorbereiteten Zeichenblatt in ein helles Haus dunkle Fenster und Türen malen (verschiedene Farben verwenden)
- Dann Frage: Was machen wir mit den dunklen Häusern? Schwarze Fenster? Sind helle Farben auch möglich?
- Schüler sollen das "Rätsel" selbst lösen

Gestaltungsaufgabe

1. Stunde: Malen einer Reihe Häuser, verschieden groß, evtl. auch einer Kirche in verschiedenen hellen und dunklen Farben - aber ohne Fenster und Türen

2. Stunde: (wenn die Farbe der Häuser gut getrocknet ist)
Malen der Fenster und Türen (mit sehr dicker Farbe, hell auf dunkel, dunkel auf hell)
Darauf hinweisen, daß trockene Deckfarbe durch starkes Reiben beim Übermalen wieder aufgelöst wird, und sich die Farben dann vermischen. Beim Überdecken Farbe vorsichtig auftragen

**LERNZIELKONTROLLE:** Vergleichende Betrachtung
Haben die dunklen Häuser auch Fenster? Geht "hell auf dunkel"? Wo sind besonders schöne Farbzusammenstellungen?
Wo leuchten die Farben besonders gut?

**ERGÄNZENDES UND FÄCHERÜBERGREIFENDES:**
Malen auf dunkle und farbige Gründe
Arbeiten mit verschiedenfarbigem Transparentpapier

*Hier soll ein Wettbewerb für bunte Häuser steigen!*

| GRUNDKURS DECKFARBEN | AUFGABE 5 | 1 UNTERRICHTSSTUNDE | 1. KLASSE |
|---|---|---|---|

| | |
|---|---|
| ARBEITSBEREICH: | Farbe |
| ZIELE DES UNTERRICHTS NACH LEHRPLAN: | Ermischen von Farben<br>Organisieren von Farbelementen<br>Beziehungsgefüge von Farben |
| LERNZIELE: | - Erproben rhythmischer Bewegung mit verschiedenen Formen und Farben<br>- Erfinden geeigneter Formen und Muster<br>- Organisieren unterschiedlicher leuchtender Farbelemente<br>- Beschreiben und Beurteilen von Farben (leuchtend - trüb) |
| THEMA: | Leuchtender Schmetterling |
| TECHNIK: | Deckfarben: Alle Farben (ausgenommen Schwarz und Weiß) mit Borstenpinsel |
| UNTERRICHTSMITTEL: | Karten oder Bilder von Schmetterlingen leuchtender und formschöner Arten<br>Zeichenblock DIN A 3<br>Deckfarben ohne Deckweiß<br>Borstenpinsel Nr. 1o |
| STUNDENVERLAUF: | <u>Einführung in die Gestaltungsaufgabe</u><br>- Verbalisieren der Unterschiede (Form und Farbe - Fühler, Flügel, Körper)<br>- Beidhändige Lockerungsübungen an der Tafel, auf Packpapier und Zeitungen<br>- Wir üben Kreise, Ovale, Atemübungen (siehe Aufgabe 3) und Schmetterlinge (beidhändig)<br>- Beschreiben der im Farbkasten vorhandenen Farben nach "leuchtend" und "trüb"<br><u>Gestaltungsaufgabe</u><br>- Beidhändiges Vorzeichnen der Kontur. Nachbarn leihen sich gegenseitig den Pinsel und beobachten den Vorgang<br>- Ausfüllen der Flächen mit pastoser Farbe, ohne Verlaufen (Warten bis Nachbarfarbe trocken ist)<br>- Leuchtende Farben finden |
| LERNZIELKONTROLLE: | <u>Vergleichende Betrachtung</u><br>Form?<br>Farbe? Leuchtend?<br>Ausführung?<br>Ausnutzung des Formats? |
| ERGÄNZENDES UND FÄCHERÜBERGREIFENDES: | Aufgabe 12, Band 2: Kordeldruck<br>Aufgabe 3, Band 3: Klatschtechnik<br>Der Schmetterling im Sachunterricht |

*Schmetterling, du buntes Ding, fliege über Felder,*
*Schmetterling, du leuchtest hell, über alle Wälder.*

| GRUNDKURS DECKFARBEN | AUFGABE 6 | 2 UNTERRICHTSSTUNDEN | 1. UND 2. KLASSE |
|---|---|---|---|

ARBEITSBEREICH: Farbe

ZIELE DES UNTERRICHTS NACH LEHRPLAN: Ermischen und Bestimmen von Farben

LERNZIELE:
- Finden von Unterscheidungsmerkmalen für verschiedene Farben
- Beschreiben von Farben nach
  - Farbwirkung (leuchtend-trüb, hell-dunkel, kalt-warm,...)
  - Analogien (Grasgrün, Giftgrün, Apfelgrün, ...)
  - Mischungsverhältnis (Hellgrün, Blaugrün, Gelbgrün, ...)
- Erkennen der Schwierigkeit einer genauen Farbbeschreibung
  Farben können nur im Vergleich untereinander beschrieben werden
- Erlernen, viele verschiedene Grüntöne zu ermischen

THEMA: Entwurf für eine grüne Streifentapete

TECHNIK: Deckfarben und Deckweiß mit Borstenpinsel

UNTERRICHTSMITTEL:
Zeichenblock DIN A 3
Deckfarben
Deckweiß
Borstenpinsel Nr. 1o
Farbmusterkarte

STUNDENVERLAUF:

Einführung in die Gestaltungsaufgabe
- Auffinden verschiedener Grüntöne in der direkten Umgebung
- Benennen der Farbtöne auf einer Farbmusterkarte für das Malerhandwerk
  nach Farbwirkung
  nach Analogien
  nach Mischungsverhältnis

Gestaltungsaufgabe
- Welche beiden Farben ergeben Grün? (Gelb und Blau)
- Zeigen des Mischens: Im Farbkastendeckel eine große Menge Grün aus Gelb und Blau mischen
- Hiermit den ersten Streifen malen (Querformat: von oben nach unten, Pinselbreite gleich Breite des Streifens)
- Die Farbmenge etwas verändern mit einem kleinen Tropfen einer beliebigen Farbe, den 2. Streifen malen
- So weiter, jeder Streifen ein anderer Grünton
- Ist die Farbmenge plötzlich rot oder braun, Grün dazumischen

LERNZIELKONTROLLE:

Vergleich der Tapetenmuster
- Wo sind die meisten verschiedenen Grüntöne?
- Wo ist Braun (Rot, Blau) dazugekommen?
- Wo ist der Streifen schief geworden? - Warum? - Wirkung?

Verbalisieren, daß es sehr viele Grüntöne gibt
Feststellen, daß Farben nur im Vergleich untereinander beschrieben werden können

ERGÄNZENDES UND FÄCHERÜBERGREIFENDES:
Aufgabe 7, Band 1: Wald
Aufgabe 11, Band 1: Schale mit Äpfeln
Streifentapeten in anderen Grundfarben

*... hellgrün - grasgrün - flaschengrün - giftgrün - apfelgrün - russischgrün - blaugrün - froschgrün - lichtgrün - moosgrün - dunkelgrün - schilfgrün - gelbgrün - resedagrün - olivgrün - tannengrün ...*

GRUNDKURS DECKFARBEN | AUFGABE 7 | 2 UNTERRICHTSSTUNDEN | 1. UND 2. KLASSE

ARBEITSBEREICH: Farbe

ZIELE DES UNTERRICHTS NACH LEHRPLAN: Ermischen von Farben

LERNZIELE:
- Gestalterische Erarbeitung des Farbbereichs "Grün" am Motiv "Wald" Farbfigur und Farbgrund
- Betrachten, Erkennen, Beschreiben verschiedener Formen für Bäume und Sträucher
- Erkennen und Beschreiben verschiedener Grüntöne im Hof oder nahegelegenen Park
- Erkennen, daß die Zwischenräume nicht einfach "nichts" sind und ebenfalls ausgemalt werden müssen
- Erkennen, daß sich die Bäume gut vom farbigen Grund abheben müssen

THEMA: Wald

TECHNIK: Deckfarben und Deckweiß mit Borstenpinsel

UNTERRICHTSMITTEL:
Lerngang
Zeichenblock DIN A 3
Deckfarben
Deckweiß
Borstenpinsel Nr. 1o

STUNDENVERLAUF:

Einführung in die Gestaltungsaufgabe
- Betrachten und Beschreiben verschiedener Baumformen und Grüntöne im Hof oder nahegelegenen Park
- Betrachten und Beschreiben der Stämme und Äste
- Erinnern an Aufgabe 6

Gestaltungsaufgabe
- Mit vielen Grüntönen (mischen wie bei Aufgabe 6) Bäume und Büsche malen
- Malen des Farbgrundes (Waldboden, teilweise Himmel)

LERNZIELKONTROLLE:

Vergleichende Betrachtung der Arbeitsergebnisse
- Wo sind viele Grüntöne entstanden?
- Sind alle Zwischenräume ausgemalt?
- Sind die Bäume vor dem Untergrund gut zu sehen?

ERGÄNZENDES UND FÄCHERÜBERGREIFENDES:
Aufgabe 6, Band 1: Streifentapete
Aufgabe 11, Band 1: Schale mit Äpfeln
Laub- und Nadelbäume im Sachunterricht

*Viele Bäume - viele Grüntöne*

| GRUNDKURS DECKFARBEN | AUFGABE 8 | 1 UNTERRICHTSSTUNDE | 1. UND 2. KLASSE |
|---|---|---|---|

ARBEITSBEREICH: Farbe

ZIELE DES UNTERRICHTS NACH LEHRPLAN: Organisieren von Farbelementen/experimentelles Erproben maltechnischer Möglichkeiten

LERNZIELE:

- Erproben verschiedener Möglichkeiten des Farbauftrags (Tupfen von farblich unterschiedlichen Farbflecken mit dem Zeigefinger)
- Beschreiben und Beurteilen formaler Besonderheiten eines Motivs (verschiedene Gesichtsformen: Rund, oval; verschiedene Gesichtsfarben: hell-häutig, braungebrannt, rotbackig; verschiedene Frisuren und Haarfarben; Lage der Augen: Weit auseinander, eng beieinander; Höhe der Stirn; Augenbrauen; Brille)

THEMA: Selbstbildnis

TECHNIK: Deckfarben und Deckweiß, getupft mit Zeigefinger

UNTERRICHTSMITTEL:
Spiegel
Zeichenblock DIN A 3
Deckfarben ohne Pinsel
Deckweiß
Mal-Lappen

STUNDENVERLAUF:

Einführung in die Gestaltungsaufgabe

- Betrachten von zwei sehr verschiedenen Kindern
- Verbalisieren: Frisur, Gesichtsfarbe und Backen, Gesichtsform, Augen, Mund, ...
- Sich selbst im Spiegel betrachten
- Auf Zeitungspapier versuchen, ein Stück "Gesicht" zu tupfen, jeder Tupfer sollte ein wenig anders in der Farbe sein. Finger direkt in's Farbnäpfchen, Finger zwischen den einzelnen Tupfern nicht saubermachen

Gestaltungsaufgabe

- Kopf, Hals, Schulter mit Tupfern (keine Linien ziehen) markieren
- Mit unterschiedlichen Farbtupfern füllen, Frisur, Kleidungsstücke
- Wenn trocken, Augen, Mund, Nase tupfen

LERNZIELKONTROLLE: Betrachten der Schülerarbeiten. Herausfinden: Wer ist wer?
Warum lassen sich einige sehr schnell finden? (Brille oder markante Frisur)
Wo sind viele "gleiche" Farbtupfer?

ERGÄNZENDES UND FÄCHERÜBERGREIFENDES:
Aufgabe 1o, Band 1: Meerschweinchen
Aufgabe 1, Band 2: Daumendruck
Aufgabe 3, Band 2: Korkdruck

Wer erkennt mich?

| GRUNDKURS DECKFARBEN | AUFGABE 9 — 1 UNTERRICHTSSTUNDE — 1. UND 2. KLASSE |
|---|---|
| ARBEITSBEREICH: | Farbe |
| ZIELE DES UNTERRICHTS NACH LEHRPLAN: | Ermischen und Bestimmen von Farben<br>Beziehungsgefüge von Farben<br>Experimentelles Erproben von Farben |
| LERNZIELE: | - Vergleichen und Beurteilen von Farben nach ihrer Wirkung (warm-kalt)<br>- Auffinden von warmen und kalten Farben in der direkten Umgebung<br>- Ermischen kalter Farben in einer Mischübung<br>- Erkennen, daß durch das Zumischen von Weiß Farben kälter werden<br>- Verbalisieren der Erkenntnisse |
| THEMA: | Schloß des Winterkönigs |
| TECHNIK: | Deckfarben und Deckweiß mit Borstenpinsel |
| UNTERRICHTSMITTEL: | Farbmusterkarte aus dem Malerhandwerk o.ä. /Werbung für kühle Getränke,<br><br>Zeichenblock DIN A 3<br>Deckfarben<br>Deckweiß<br>Borstenpinsel Nr. 1o |
| STUNDENVERLAUF: | <u>Einführung in die Gestaltungsaufgabe</u><br>- Kalte Farben im Klassenzimmer suchen<br>- Kalte Farben - an den Winter denken: weiß, türkis, blau<br>- Kalte Farben auf der Farbtonkarte suchen und Namen für kalte Farben finden: Eisblau, Gletscherblau, Glitzerweiß, Schneeweiß<br>- Schloß des Winterkönigs beschreiben<br>- Mischübung für kalte Farben<br><br><u>Gestaltungsaufgabe</u><br>Möglichst formatfüllend ein Schloß für den Winterkönig malen mit vielen <u>verschiedenen</u> kalten Farben<br>Aus verschiedenfarbenen Eisplatten zusammensetzen (Tore, Fenster, Türme, Zinnen) |
| LERNZIELKONTROLLE: | <u>Vergleichende Betrachtung</u><br>Wirkt das Bild "kalt"? Mischfarben vergleichen und beschreiben<br>Wo stimmt es nicht?<br>Wo gibt es warme Farben? Wie hast du da oder da die Farbe ermischt?<br>Wo hast du Weiß beigemischt? |
| ERGÄNZENDES UND FÄCHERÜBERGREIFENDES: | Aufgabe 6, Band 2: Schwammdruck<br>Aufgabe 8, Band 2: Kartondruck<br>Wirkung von Farben in der Werbung<br>Warme Farben: Schloß der Feuerkönigin<br>Bildbetrachtung C.D. Friedrich "Eismeer" |

*Der Winterkönig wohnt hoch oben im Norden, wo der Schnee knirscht und die Eisberge nie auftauen und sich bis zum Himmel türmen. Sein Schloß ist blitzblank und leuchtet gletscherblau und eisblau, die Wände sind aus Eisplatten, türkis und schneeweiß und es ist bitter - bitter - kalt, brrr!*

| GRUNDKURS DECKFARBEN | AUFGABE 1o | 2 UNTERRICHTSSTUNDEN | 1. UND 2. KLASSE |
|---|---|---|---|

ARBEITSBEREICH: Farbe

ZIELE DES UNTERRICHTS NACH LEHRPLAN: Experimentelles Erproben maltechnischer Mittel

LERNZIELE:
- Experimentelles Erarbeiten einer Struktur mit Hilfe des Borstenpinsels (Stupfen)
- Entwickeln einer flächenfüllenden Einzelfigur mit vorherbestimmten Strukturen
- Beurteilen der Auswirkung der Strukturen auf die Bildwirkung
- Herstellen von Bezügen zwischen Strukturen und ihrer Erscheinung in unserer erfahrbaren Umwelt

THEMA: Meerschweinchen

TECHNIK: Deckfarben und Deckweiß
Stupfen mit Borstenpinsel

UNTERRICHTSMITTEL: Wenn möglich, lebendes Meerschweinchen
Zeichenblock DIN A 3
Deckfarben
Deckweiß
Borstenpinsel Nr. 1o

STUNDENVERLAUF:

Einführung in die Gestaltungsaufgabe
- Beobachten des Meerschweinchens (frei im Sitzkreis der Klasse auf dem Fußboden)
- Beschreiben der Körperform, der Bewegungen
- Betrachten der Beine (Form und Anzahl der Zehen), des Fells (Flecken, Haarrichtung, Struktur), Schnäuzchen, Schwanz, Augen

Vorübung
- Versuchen mit ganz trockenem Pinsel eine Fellstruktur auf Zeitungspapier zu malen, oder besser zu "stupfen", das Fell ist keine "angestrichene Tapete" (von oben, senkrecht auf das Papier stoßen)

Gestaltungsaufgabe
- "Vordenken" des Umrisses, möglichst formatfüllend
- Fell strukturieren
- Schnäuzchen, Zehen, Augen, Ohren einsetzen, wenn Fell "getrocknet" ist

LERNZIELKONTROLLE: Vergleichende Betrachtung
Form?
Struktur?
Wo ist mit zu viel Wasser gearbeitet worden?
Wo gibt es in unserer Umwelt noch Strukturen? Wie fühlen sie sich an?
Tastsinn: In einen Sack oder Karton verschiedene Strukturen erfühlen (Fell, Schwamm, Topfkratzer, Reibeisen, Samt ...)

ERGÄNZENDES UND FÄCHERÜBERGREIFENDES:
Aufgabe 2, Band 3: Ich zeichne mir ein Hündchen
Aufgabe 3, Band 3: Der Mumpf
Das Meerschweinchen im Sachunterricht

"Wo gibt es hier was zum Fressen?"

| GRUNDKURS DECKFARBEN | AUFGABE 11 | 2 UNTERRICHTSSTUNDEN | 1. UND 2. KLASSE |
|---|---|---|---|

ARBEITSBEREICH: Farbe

ZIELE DES UNTERRICHTS NACH LEHRPLAN: Ermischen und Bestimmen von Farben
Farbfigur und Farbgrund

LERNZIELE:
- Bestimmen und Ermischen eines grünen Farbtons nach Farbvorgabe in Form eines grünen Schnipsels
- Integrieren des Schnipsels in einen zu malenden Apfel
- Erkennen, daß sich die Äpfel im Teller teilweise gegenseitig verdecken (Raumillusion durch Überschneiden)
- Beurteilen des Gestaltungsergebnisses nach Farbmischung, Farbintensität und Farbwirkung

THEMA: Schale mit Äpfeln

TECHNIK: Deckfarben mit Borstenpinsel

UNTERRICHTSMITTEL: Schale mit Äpfeln
Farbvorgaben (walnußgroße grüne Schnipsel)
Zeichenblock DIN A 3
Deckfarben
Borstenpinsel Nr. 1o

STUNDENVERLAUF:

Einführung in die Gestaltungsaufgabe
- Beschreiben der Äpfel: Farbe, Form, gegenseitiges Verdecken
- Austeilen der Farbvorgaben
- Wiederholen des Mischvorgangs (Aufgabe 6)
- Die Farbvorgabe versuchen zu ermischen

Gestaltungsaufgabe
- Aufkleben der Farbvorgabe auf eine beliebige Stelle des Zeichenblocks
- Darstellen der Äpfel mit Integration des "Schnipsels"

LERNZIELKONTROLLE: Vergleichende Betrachtung
Suchen der Farbvorgaben
Beurteilen der Farbwirkung, der Farbintensität
und der Mischergebnisse im Vergleich zur Vorgabe

ERGÄNZENDES UND FÄCHERÜBERGREIFENDES:
Aufgabe 6, Band 1: Entwurf für eine grüne Streifentapete
Aufgabe 7, Band 1: Wald
Kiste mit Orangen von oben

*Ratet, wo ist der versteckte grüne aufgeklebte Zeitungsschnipsel?*

| GRUNDKURS DECKFARBEN | AUFGABE 12 | 1 UNTERRICHTSSTUNDE | 1. UND 2. KLASSE |
|---|---|---|---|

ARBEITSBEREICH: Farbe

ZIELE DES UNTERRICHTS NACH LEHRPLAN: Farbdynamische Bewegungsspuren
Experimentelles Erproben von Farben

LERNZIELE:

- Erproben verschiedener Möglichkeiten des Farbauftrags
- Erlernen der Blastechnik mit Strohhalm
- Austausch der Erfahrungen aus der Experimentierphase
- Beurteilen und Beschreiben der Auswirkungen der Gestaltungstechnik auf das Gestaltungsergebnis

THEMA: Feuerwerk

TECHNIK: Deckfarben: Pustetechnik mit Trinkhalm

Ein kleiner, höchstens pfenniggroßer Tropfen Farbe soll mit dem Strohhalm verblasen werden. Strohhalm dicht an den Farbtropfen nehmen. Durch Nase einatmen. Pause machen. Den Pinsel nur benutzen, um kleine Farbkleckse auf das Papier zu setzen

UNTERRICHTSMITTEL: dunkle Tonpapiere 21 x 21 cm (kein saugfähiges Papier)
Deckfarben
Deckweiß
Haarpinsel Nr. 8
Trinkhalme

STUNDENVERLAUF:

Einführung in die Technik
- Vorführung
- Vorversuche auf Probepapier
- Austausch von Erfahrungen aus der Experimentierphase

Gestaltungsaufgabe
- Mehrere Feuerwerkskörper in verschiedenen Farben nebeneinander
- Wenn trocken, einige andersfarbige Feuerwerkskörper zum Teil überpusten

LERNZIELKONTROLLE: Vergleichende Betrachtung
Wo hat man den Eindruck einer Explosion?
Wer hat mit dem Pinsel gemogelt?
Könnte man diese Aufgabe auch mit dem Pinsel malen?
Wo leuchtet das Feuerwerk? Warum?

ERGÄNZENDES UND FÄCHERÜBERGREIFENDES:
Aufgabe 11, Band 2: Spritzdruck
Aufgabe 3, Band 3: Klatschtechnik

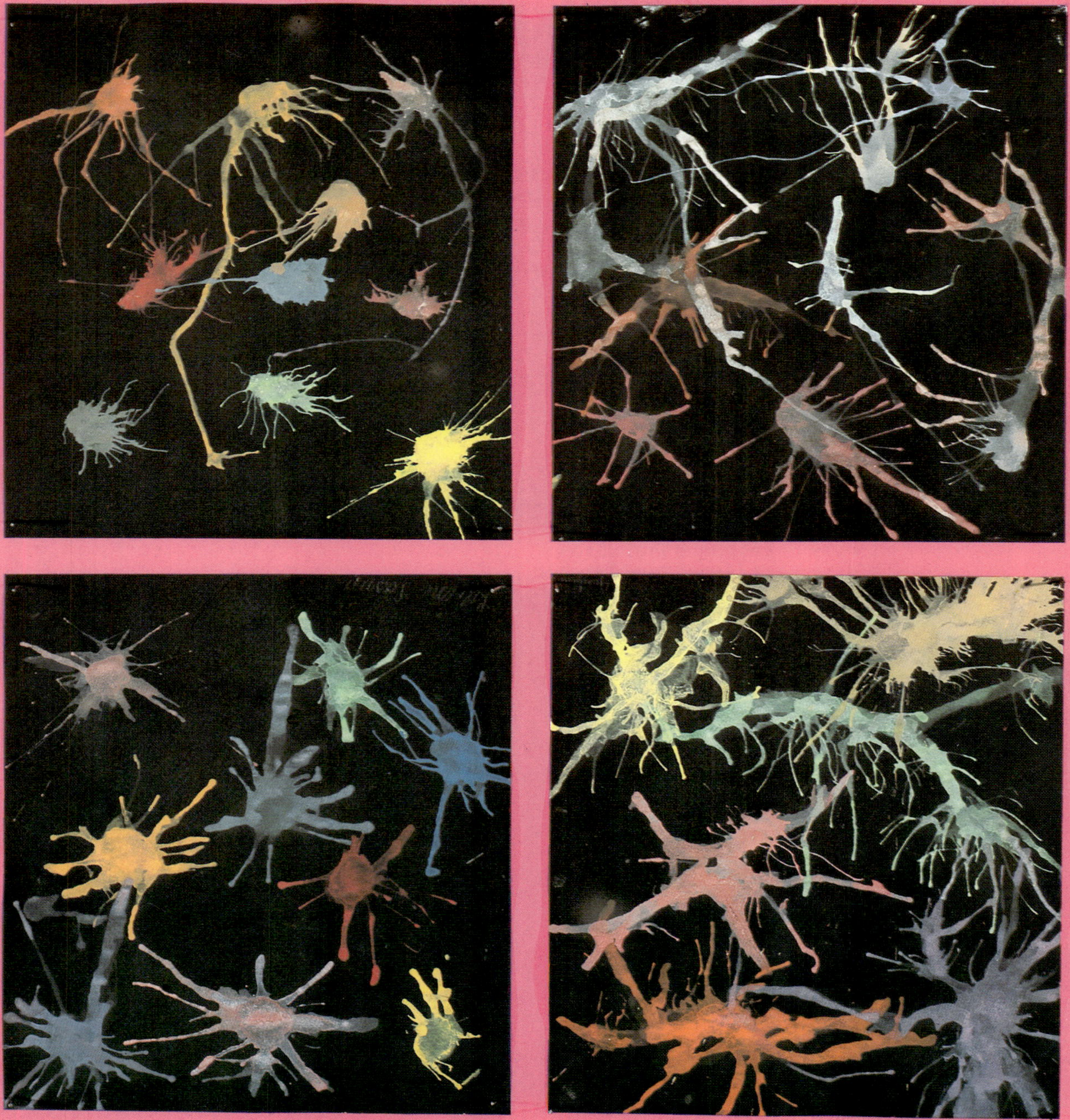

*Ein Feuerwerk! Hört nur, wie es zischt und knallt!*

| GRUNDKURS DECKFARBEN | AUFGABE 13 | 2 UNTERRICHTSSTUNDEN | 2. KLASSE |
|---|---|---|---|

ARBEITSBEREICH: Farbe

ZIELE DES UNTERRICHTS NACH LEHRPLAN: Ermischen und Bestimmen von Farben.
Beziehungsgefüge von Farben.

LERNZIELE:
- Erkennen und Beurteilen der Veränderung einer Farbe durch Mischen mit Deckweiß
- Erproben verschiedener Möglichkeiten des Farbauftrags (pastoses Malen für Sahne, Stupfen für Tortenboden)
- Erkennen und Beurteilen formaler und farblicher Besonderheiten eines Motivs

THEMA: Sahnetorte

TECHNIK: Deckfarben und Deckweiß (Herstellung von Deckweiß siehe Seite 4) mit Borstenpinsel

UNTERRICHTSMITTEL: Zeichenblock DIN A 3
Deckfarben
Deckweiß
Borstenpinsel Nr. 1o
Haarpinsel Nr. 8

STUNDENVERLAUF: Einführung in die Gestaltungsaufgabe
- Beschreiben einer Sahnetorte: Viele Schichten mit roten Kirschen und dicker süßer Schlagsahne
  oder einer
  Schokoladensahne-Torte: Verziert mit Mokkabohnen und Kerzen aus Marzipan
- Vorführen des Mischens: Viel Deckweiß, ganz, ganz wenig Rot (Gelb, Grün)
- Erinnern an Struktur des Fells (siehe Aufgabe 1o), hier sollen die Tortenböden "gestupft" werden
- Pastoses Malen vorführen: Ganz dick auftragen

Gestaltungsaufgabe
- Zuerst die Tortenböden "stupfen" mit Borstenpinsel
- Dann Schlagsahne dick und sahnig und wolkig (pastos malen mit viel Deckweiß)
- Dann Früchte, Kerzen, Verzierung mit Haarpinsel

LERNZIELKONTROLLE: Lob.
Vergleichende Betrachtung
Wo sieht die Schlagsahne ganz echt aus? Warum?
Sind Tortenböden und Schlagsahne überall unterschiedlich gemalt?
Wo ist der Kuchenboden luftig und locker?

ERGÄNZENDES UND FÄCHERÜBERGREIFENDES:
Aufgabe 1o, Band 1: Meerschweinchen
Aufgabe 14, Band 1: Esel im Gras
Aufgabe 5, Band 2: Druck mit Weidenkätzchen

*"Backe, backe Kuchen, der Bäcker hat gerufen ..."*

| GRUNDKURS DECKFARBEN | AUFGABE 14 | 2 UNTERRICHTSSTUNDEN | 2. KLASSE |
|---|---|---|---|

ARBEITSBEREICH: Farbe

ZIELE DES UNTERRICHTS NACH LEHRPLAN: Ermischen und Bestimmen von Farben

LERNZIELE:

- Erkennen, daß ein Farbton in unterschiedlichsten Nuancen differenziert werden kann (Farbfamilie Grau)
- Finden von Farbbezeichnungen für Grau: Hellgrau, Silbergrau, Blaugrau, Grüngrau, Eisgrau, Mausgrau
- Bestimmen von Farbtönen nach ihrem Mischungsverhältnis:
  - viel Weiß und wenig Schwarz und Blau ergibt Blaugrau
  - viel Weiß und wenig Schwarz und Grün ergibt Grüngrau
- Erlernen verschiedener Möglichkeiten des Farbauftrags (vom "Fleck" aus malen)
- Klären der formalen Verhältnisse einer flächenfüllenden Einzelfigur (Esel)

THEMA: Esel im Gras

TECHNIK: Deckfarben und Deckweiß mit Borstenpinsel
(Herstellung von Deckweiß siehe Seite 4)

UNTERRICHTSMITTEL:
Biologiebuch oder Lexikon mit Abbildern von Eseln
Einige selbstgemachte Mischbeispiele für Grau auf DIN A 4
(Blaugrau, Grüngrau ...)
Zeichenblock DIN A 3
Deckfarben
Deckweiß
Borstenpinsel Nr. 1o

STUNDENVERLAUF:

Einführung

- Farbbeispiele zeigen - Namen für Grautöne finden
- Mischungsverhältnisse benennen
- Bilder von Eseln betrachten
- Skizze eines Esels von 2 - 3 Kindern an die Tafel zeichnen lassen (achten auf annähernd richtiges Verhältnis: Beine - Körper - Schwanz - Ohren - Rist)
- Aufmerksam machen auf den Unterschied Vorderbein - Hinterhand
- Mit nassem Schwamm an der Tafel zeigen, wie man von "Fleck aus malt": Einen nassen Wasserfleck mit dem Schwamm so nach außen verändern, bis ein Esel zu erkennen ist und die Proportionen stimmen.

Gestaltungsaufgabe

- Ein Esel in verschiedenen Grautönen (der Kopf ist heller, der Bauch dunkler ...)
- Vordergrund: Gras (getupft)
- Hintergrund: Himmel, Wolken

LERNZIELKONTROLLE: Lob.

Vergleichende Betrachtung

Proportionen? Wiese?
Grautöne? Himmel? Wolken?

ERGÄNZENDES UND FÄCHERÜBERGREIFENDES:
Aufgabe 13, Band 1: Sahnetorte
Themen nur mit Grau: Mäuseversammlung im Keller
Dächer im Nebel
Haustiere im Sachunterricht

*Ein kleines graues Eselchen, das wackelt um die Welt.*
*Es wackelt mit dem Hinterteil, grad wie es ihm gefällt.*

| GRUNDKURS DECKFARBEN | AUFGABE 15 | 2 UNTERRICHTSSTUNDEN | 2. KLASSE |
|---|---|---|---|

ARBEITSBEREICH: Farbe

ZIELE DES UNTERRICHTS NACH LEHRPLAN: Ermischen und Bestimmen von Farben
Beziehungsgefüge von Farben

LERNZIELE:

- Bestimmen und Ermischen von Brauntönen aus den Grundfarben Gelb, Rot, Blau
- Vergleichen und Beurteilen unterschiedlicher Brauntöne
- Beurteilen der Gestaltungsergebnisse nach der farblichen Differenzierung

THEMA: Hexenhaus

TECHNIK: Deckfarben und Deckweiß ohne Braun
mit Borstenpinsel

UNTERRICHTSMITTEL: Märchen von Hänsel und Gretel
Lebkuchen mit Mandeln zur Anschauung
Zeichenblock DIN A 3
Deckfarben
Deckweiß
Borstenpinsel Nr. 1o

STUNDENVERLAUF:

Einführung

- Erzählen des Märchens, dabei besonders auf das Hexenhaus eingehen
- Lebkuchen betrachten und von den Kindern an die Tafel malen lassen
- Mischen von Brauntönen auf Extrablatt: Im Kastendeckel Rot, Blau, Gelb zusammenmischen, so lange mischen, bis sich ein brauner Ton ergibt Diesen dann verändern mit wenig Rot, Ocker, Weiß, Gelb ...
- Jeder Lebkuchen soll einen anderen Braunton haben

Gestaltungsaufgabe

- Hexenhaus mit Lebkuchen in aufbauender Malweise
- Lebkuchen in den 4 Ecken mit Mandeln verzieren (dabei Blatt drehen)
- Hintergrund (Wald, siehe Aufgabe 7)
- Wer fertig ist, malt Hänsel und Gretel dazu

LERNZIELKONTROLLE: Lob.

Vergleichende Betrachtung

Viele verschiedene braune Lebkuchen!
Benennen einzelner Brauntöne
Wie sind die einzelnen Farben gemischt worden?

ERGÄNZENDES UND FÄCHERÜBERGREIFENDES:

Mischen von Orange: Apfelsinenkiste von oben
Mischen von Violett: Stiefmütterchen
Märchen im Deutschunterricht

Hänsel und Gretel verliefen sich im Wald. Es war so finster und auch so bitter kalt. Sie kamen an ein Häuschen von Pfefferkuchen fein, wer mag der Herr wohl von diesem Häuschen sein?

# Alle Titel von Marianne Merz im Überblick